Les véhicules de FERME

Lynn Peppas

Traduction de Marie-Josée Brière

À mon mari John, mon fermier préféré.
Crystal Sikkens

Dépôt légal - Bibliothèque et Archives nationales du Québec, 2016
Bibliothèque et Archives Canada, 2016

Les véhicules de ferme
ISBN 978-2-89579-721-0

Titre original : *Vehicles on the Farm* de Lynn Peppas
(ISBN 978-0-7787-3065-1) © 2011 Crabtree Publishing Company,
616 Welland Ave., St. Catharines, Ontario, Canada L2M 5V6.

À la réalisation chez Crabtree Publishing Company
Conception graphique : Tibor Choleva, Melissa McClellan
Recherche photographique : Melissa McClellan
Conseillère : Mary Dawson, représentante de
commerce en matériel agricole
Remerciements particuliers à : Jonathan Sikkens

À la réalisation chez Bayard Canada
Direction éditoriale : Maxime P. Bélanger, Gilda Routy
Traduction : Marie-Josée Brière
Mise en pages : Danielle Dugal

© Bayard Canada Livres inc. 2016

Illustrations
Leif Peng

Photographies
BigStockPhoto.com : © Chris Roselli (quatrième de couverture, page 31); **Dreamstime.com :** © Randy Mckown (page 5, au milieu), © Jennifer Thompson (page 8), © Sonya Etchison (page 10), © Marcin Husiatynski (page 11); **istockphoto.com :** © Dan Driedger (pages 16-17), © Cameron Pashak (page 30); **Photos.com :** page couverture; **Shutterstock.com :** © Orientaly (page titre), © Luis Louro (table des matières), © Tish1 (pages 4-5, 22), © Andresr (page 5, en haut), © Krivosheev Vitaly (page 6), © Marilyn Barbone (page 7, en bas), © Inginsh (page 9), © Cappi Thompson (pages 12-13), © haak78 (page 14), © Horst Kanzek (page 15), © Desha Cam (page 17, en haut), © Niels Quist (page 18), © s74 (page 19, en haut), © Michael Hieber (page 19, en bas), © Maksud (pages 20-21), © Daniel Alvarez (page 23, en haut), © Sally Scott (page 23, en bas), © Tyler Olson (page 24, en haut), © ilFede (pages 24-25), © Ermes (page 25, en haut), © Denton Rumsey (page 26), © Phillip Minnis (page 27), © Daniel Yordanov (pages 28-29); © Stu Harding (page 12, en haut), © Melissa McClellan (page 7, en haut).

Nous reconnaissons l'aide financière du gouvernement du Canada par l'entremise du Fonds du livre du Canada (FLC) pour des activités de développement de notre entreprise.

Conseil des arts   Canada Council
du Canada   for the Arts

Nous remercions le Conseil des arts du Canada de l'aide accordée à notre programme de publication.

Cet ouvrage a été publié avec le soutien de la SODEC. Gouvernement du Québec - Programme de crédit d'impôt pour l'édition de livres - Gestion SODEC.

Bayard Canada Livres
4475, rue Frontenac
Montréal (Québec) Canada H2H 2S2
edition@bayardcanada.com - bayardlivres.ca

Imprimé au Canada

Tous droits réservés. Aucune partie de ce livre ne peut être reproduite, sauvegardée sur un système d'extraction ou transmise, sous quelque forme que ce soit, par quelque moyen que ce soit - électronique, mécanique, photocopie, enregistrement ou autre - sans l'autorisation écrite préalable de l'éditeur.

Table des matières

Le travail à la ferme	4
Des tracteurs robustes	6
De nombreuses tâches	8
D'énormes pneus	10
Du plus gros au plus petit	12
La charrue	14
Le cultivateur	16
L'épandeur de fumier	18
Le semoir	20
Les machines d'irrigation	22
Les pulvérisateurs	24
Les moissonneuses	26
La moissonneuse-batteuse	28
La ramasseuse-presse	30
Index et mots à retenir	32

Le travail à la ferme

Il faut travailler fort quand on a une ferme. Les agriculteurs ont de nombreux véhicules pour les aider. Un véhicule, c'est une machine qui peut se déplacer et accomplir des tâches. Les véhicules qui servent dans les fermes doivent être puissants et robustes.

récolte de maïs

remorque

tracteur

Des moyens modernes

La nourriture que nous mangeons vient des fermes. S'il n'y avait pas de fermes, les supermarchés seraient vides.

Autrefois, les gens avaient des animaux pour les aider à la ferme. Aujourd'hui, les véhicules de ferme peuvent accomplir beaucoup plus de travail en moins de temps.

Une famille achète des fruits frais.

*Des chevaux tirent une petite **charrue**.*

moissonneuse-batteuse

champ de maïs

Des tracteurs robustes

Les **tracteurs** sont des véhicules solides. Ils doivent être capables de rouler sur toutes sortes de surfaces. Ils doivent aussi être efficaces par tous les temps. Ils servent à tirer, à soulever et à pousser des machines lourdes. Ils aident à accomplir beaucoup de tâches différentes à la ferme.

cabine

moteur

masses avant

roues

Accrochez-vous !

À l'arrière du tracteur, un **attelage** permet d'accrocher d'autres machines de ferme. Les machines qui ont besoin d'énergie pour fonctionner sont branchées à une prise de force qui se trouve elle aussi à l'arrière du tracteur. Elles profitent ainsi de l'énergie du moteur du tracteur qui les tire.

La prise de force d'un tracteur ou d'un camion permet de transmettre l'énergie du moteur à une autre machine de ferme. Cette machine peut alors être branchée et débranchée facilement.

De nombreuses tâches

Les tracteurs sont les véhicules qui accomplissent le plus grand nombre de tâches dans une ferme. Ils permettent d'entretenir les cultures tout au long de la saison de croissance. Ils servent aussi à préparer le sol pour les plantations, à semer les graines et à lutter contre les insectes. Ils aident à rentrer les récoltes, et à en faire de la nourriture pour les animaux et les gens. Ils font une foule de choses !

Dans les fermes, les agriculteurs utilisent souvent plusieurs tracteurs en même temps pour que le travail se fasse plus vite.

Toujours prêts !

Les tracteurs n'arrêtent jamais. Ils fonctionnent toute l'année. Ils servent à arracher des arbres, à empiler des bottes de foin et même à enlever la neige pendant l'hiver. Ce sont des véhicules très efficaces.

Tous les tracteurs ont des phares très puissants qui leur permettent de fonctionner même quand il fait noir.

D'énormes pneus

Les tracteurs roulent sur des gros pneus de caoutchouc qui ont une bande de roulement très épaisse. La bande de roulement, c'est le motif qui permet aux pneus de mordre dans le sable ou la boue. Les gros pneus des tracteurs aident à répartir leur poids sur une grande surface pour éviter qu'ils abîment le sol. Autrement, ces véhicules lourds pourraient écraser le sol et les plantes. Les tracteurs peuvent avoir 4, 6, 8 ou même 12 roues.

gros pneu de caoutchouc

Les pneus des tracteurs sont énormes. Ils peuvent même être plus hauts qu'une personne debout.

Drôles de chenilles!

Certains tracteurs se déplacent sur des chenilles plutôt que sur des pneus. C'est ce qu'on appelle des « **tracteurs à chenilles** ». Les chenilles peuvent supporter encore plus de poids que les pneus. Elles causent moins de dommages au sol et aux plantes.

bande large

Les chenilles des tracteurs sont faites de caoutchouc. Elles ont une large bande de roulement. Les tracteurs à chenilles peuvent rouler facilement sur tous les types de surfaces.

Dans les très grandes fermes, il faut d'énormes tracteurs. Un des plus gros tracteurs de ferme au monde est le Big Bud 747. Il mesure plus de 4 mètres de hauteur. Ses roues font à elles seules 2,4 mètres de diamètre.

Du plus gros au plus petit

Il y a des tracteurs de différentes grosseurs, pour les différentes tâches à accomplir. Les plus petits sont les microtracteurs. Leur taille est parfaite pour les terrains de golf, ou encore pour les grands jardins et les grandes pelouses. Ils sont très puissants, tout en étant faciles à manœuvrer.

Les microtracteurs servent à tondre la pelouse sur les terrains de golf.

La charrue

Dans les champs, une croûte dure se forme à la surface du sol. La charrue sert à briser cette croûte. Ses lames de métal bien aiguisées creusent le sol et le retournent. C'est ce qu'on appelle « labourer ». Il reste ensuite de gros morceaux de terre brun foncé.

lames de métal

tracteur

charrue

attelage

sol labouré

Dans la terre

La charrue est tirée par un tracteur. Il faut beaucoup de force pour creuser et retourner le sol. Le tracteur doit donc avoir un moteur puissant pour y arriver.

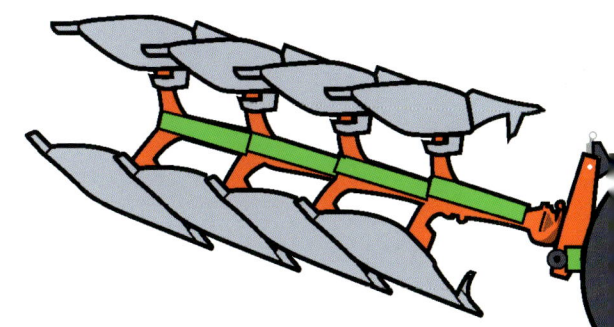

Les gros pneus du tracteur l'aident à tirer la charrue sur des surfaces molles ou boueuses.

Le cultivateur

Le **cultivateur** sert à briser les gros morceaux de terre laissés par la charrue. On l'appelle parfois « herse » ou « bineuse ». Le cultivateur est tiré par un tracteur.

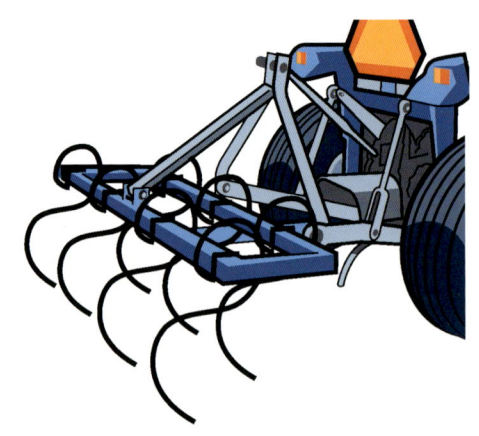

Ça roule !

Certains cultivateurs ont un cadre formé de tiges de métal recourbées. Quand ces cultivateurs sont tirés par un tracteur, les tiges s'enfoncent dans le sol pour le briser. D'autres cultivateurs contiennent un rouleau de métal appelé « rouleau brise-mottes », qui brise le sol en morceaux plus petits.

cultivateur

Ces tracteurs vont travailler ensemble le sol d'un grand champ.

17

L'épandeur de fumier

Comme son nom le dit, l'**épandeur de fumier** sert à épandre du fumier sur le sol. Le fumier se compose d'excréments d'animaux. Il est bon pour le sol. Il y ajoute des éléments nutritifs qui aident les plantes à pousser.

déchiqueteuses

épandeur de fumier

Ça sent fort !

L'épandeur de fumier est accroché à l'attelage qui se trouve à l'arrière du tracteur. La prise de force lui transmet l'énergie dont il a besoin. Il ne faut pas trop s'en approcher ! Certains épandeurs ont une roue qui tourne et dont les palettes, placées sur des chaînes, projettent le fumier dans les champs.

Un tas de fumier prêt à être chargé dans un épandeur.

Cet épandeur projette du fumier dans un champ. Ça ne doit pas sentir très bon !

Le semoir

Le **semoir** se compose d'un réservoir appelé « trémie », qui est rempli de graines. Il comprend aussi des lames pointues qui percent des trous dans le sol. Les graines tombent de la trémie et passent par des tuyaux pour descendre jusqu'au sol. Une rangée de roues ou de dents, tout à l'arrière du semoir, permet de couvrir les trous et d'enterrer les graines.

trémie

tuyaux

roues de recouvrement

En rangées

Le semoir plante les graines en belles rangées droites. Il est tiré dans les champs par un tracteur. Il prend son énergie dans la prise de force.

tracteur

roue de pression

21

Les machines d'irrigation

Les plantes ont besoin de beaucoup d'eau pour pousser. Cette eau vient normalement de la pluie. Mais quand il ne pleut pas, les agriculteurs doivent irriguer leurs champs. Autrement dit, ils doivent les arroser.

système d'irrigation à pivot central

Dans certaines fermes, on se sert de systèmes d'irrigation à pivot central. Ces machines ont leur propre moteur électrique qui permet de les déplacer dans les champs.

Un arrosage constant

Il y a aussi des machines d'irrigation tirées par un tracteur. Ces machines se composent d'un tuyau qui se branche à un robinet placé dans le champ. Le tracteur tire un canon d'arrosage qui projette de l'eau dans le champ, comme un gros tourniquet d'arrosage.

Les canons d'arrosage tirés par des tracteurs ou des camions permettent d'arroser de grands champs de légumes ou de céréales.

dévidoir

attelage　　*tracteur*

Certains irrigateurs comprennent un dévidoir sur lequel des tuyaux d'arrosage sont enroulés. Des tracteurs tirent ces machines dans les champs jusqu'aux endroits où il faut arroser.

Les pulvérisateurs

Les **pulvérisateurs** servent à vaporiser  des pesticides et des engrais sur les plantes cultivées. Les pesticides sont des produits chimiques liquides. Ils protègent les cultures contre les insectes, les maladies et les mauvaises herbes qui pourraient les détruire. Les engrais sont des substances nutritives. Ils servent à nourrir les plantes.

Certains pulvérisateurs ont de grandes roues très hautes. Ils peuvent rouler sur les plantes hautes sans les abîmer.

La guerre aux insectes

Les pulvérisateurs sont parfois tirés par un tracteur. Un gros réservoir contient le pesticide liquide ou l'engrais à vaporiser. Parfois, ces produits sont tirés hors du réservoir par une pompe. Un tuyau permet de les projeter sur tout le champ.

Les pulvérisateurs servent aussi à vaporiser des produits sur les arbres fruitiers.

tracteur

réservoir

vaporisateur

Les moissonneuses

Les **moissonneuses** sont de gros véhicules qui servent à la récolte. La récolte, c'est la cueillette des plantes qui ont fini de grossir. Il y a différentes sortes de moissonneuses pour les différentes sortes de plantes. Certaines moissonneuses sont accrochées à un tracteur. D'autres sont des véhicules à moteur, qui roulent sans aide à travers les champs.

Les arracheuses de pommes de terre creusent le sol pour en sortir les pommes de terre, qui sont ensuite chargées dans un camion ou une remorque.

En haut, en bas

Certaines moissonneuses servent à ramasser des plantes qui poussent sous la terre, comme les pommes de terre, les carottes ou les betteraves. Les vendangeuses sont des moissonneuses faites pour cueillir les raisins dans les grands vignobles.

vendangeuse

vigne chargée de raisins

La moissonneuse-batteuse

La moissonneuse-batteuse est un gros véhicule qui sert à la récolte du blé, du maïs et d'autres céréales. À l'avant, une barre de coupe faite de lames mobiles sert à couper les tiges des céréales. Le conducteur est assis dans une cabine derrière la barre de coupe. Il y a de grandes fenêtres tout autour de la cabine pour lui permettre de bien voir ce qu'il fait.

cabine

organe de coupe

barre de coupe

Qu'est-ce qui se passe à l'intérieur ?

Une fois les céréales coupées, elles sont aspirées dans la moissonneuse. À l'intérieur, les céréales sont battues, ce qui veut dire que les grains sont séparés des tiges. Les grains sont envoyés dans une cuve, et les tiges sont rejetées sur le sol derrière la moissonneuse. Les grains peuvent ensuite être déchargés dans une remorque, tirée par un tracteur qui avance en même temps que la moissonneuse.

tuyau de déchargement

cuve à grains

remorque

tracteur

La ramasseuse-presse

La **ramasseuse-presse** ramasse le foin ou la paille pour former des bottes compactes. Le foin, c'est de l'herbe qui a été coupée et qui a séché. La paille, ce sont les tiges qui restent après la récolte des céréales. Le foin sert de nourriture aux chevaux et aux vaches. La paille leur sert de litière.

ramasseuse avec bottes cylindriques

Les bottes de foin cylindriques sont grosses et lourdes. Elles peuvent peser jusqu'à 1 000 kilos.

Des paquets bien emballés

Les dents de la ramasseuse-presse ramassent le foin par terre et l'envoient à l'intérieur. Dans la machine, le foin est bien tassé pour former des bottes. Quand une botte est prête, elle est emballée dans de la ficelle ou dans un filet. La ramasseuse-presse rejette ensuite la botte dans le champ. Il y a différentes sortes de ramasseuses-presses. Certaines forment des bottes de foin cylindriques. D'autres forment des bottes rectangulaires.

ramasseuse avec bottes rectangulaires

Les bottes de foin rectangulaires sont plus faciles à transporter et à empiler que les bottes cylindriques.

Index et mots à retenir

attelage
pages 7, 14, 19, 23

charrue
pages 5, 14-15, 16

cultivateur
pages 16-17

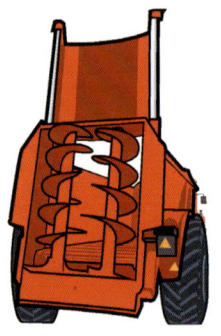
épandeur de fumier
pages 18-19

moissonneuses
pages 5, 26-29

moissonneuse-batteuse
pages 5, 28-29

pulvérisateurs
pages 24-25

ramasseuse-presse
pages 30-31

semoir
pages 5, 20-21

tracteurs
pages 6-13, 14, 15, 16, 17, 19, 21, 23, 25, 26, 29

tracteurs à chenilles
page 11

Et aussi...

machines
   d'irrigation 22-23
microtracteurs 12-13
prise de force 7, 19, 21